# BEI GRIN MACHT SICH IHR WISSEN BEZAHLT

- Wir veröffentlichen Ihre Hausarbeit, Bachelor- und Masterarbeit

- Ihr eigenes eBook und Buch - weltweit in allen wichtigen Shops

- Verdienen Sie an jedem Verkauf

**Jetzt bei www.GRIN.com hochladen und kostenlos publizieren**

**Julia Becker**

**Eine Analyse zu Erich Kästners "Pünktchen und Anton"**

GRIN Verlag

**Bibliografische Information der Deutschen Nationalbibliothek:**

Die Deutsche Bibliothek verzeichnet diese Publikation in der Deutschen Nationalbibliografie; detaillierte bibliografische Daten sind im Internet über http://dnb.d-nb.de/ abrufbar.

Dieses Werk sowie alle darin enthaltenen einzelnen Beiträge und Abbildungen sind urheberrechtlich geschützt. Jede Verwertung, die nicht ausdrücklich vom Urheberrechtsschutz zugelassen ist, bedarf der vorherigen Zustimmung des Verlages. Das gilt insbesondere für Vervielfältigungen, Bearbeitungen, Übersetzungen, Mikroverfilmungen, Auswertungen durch Datenbanken und für die Einspeicherung und Verarbeitung in elektronische Systeme. Alle Rechte, auch die des auszugsweisen Nachdrucks, der fotomechanischen Wiedergabe (einschließlich Mikrokopie) sowie der Auswertung durch Datenbanken oder ähnliche Einrichtungen, vorbehalten.

**Impressum:**

Copyright © 2002 GRIN Verlag GmbH
Druck und Bindung: Books on Demand GmbH, Norderstedt Germany
ISBN: 978-3-638-73971-9

**Dieses Buch bei GRIN:**

http://www.grin.com/de/e-book/33067/eine-analyse-zu-erich-kaestners-puerktchen-und-anton

**GRIN - Your knowledge has value**

Der GRIN Verlag publiziert seit 1998 wissenschaftliche Arbeiten von Studenten, Hochschullehrern und anderen Akademikern als eBook und gedrucktes Buch. Die Verlagswebsite www.grin.com ist die ideale Plattform zur Veröffentlichung von Hausarbeiten, Abschlussarbeiten, wissenschaftlichen Aufsätzen, Dissertationen und Fachbüchern.

**Besuchen Sie uns im Internet:**

http://www.grin.com/

http://www.facebook.com/grincom

http://www.twitter.com/grin_com

# Erich Kästner

*Seminararbeit*

**Proseminar:
Helden in der Kinder- und Jugendliteratur/-medien und ihre Geschichte(n)
(Literaturdidaktik)**

Sommersemester 2002

Datum:
13. September 2002

# Inhaltsverzeichnis

Seminararbeit ................................................................................. 1
**1. Einleitung** ............................................................................... 2
**2. Der Autor und sein Werk** ............................................................. 3
   2.1 Erich Kästner ....................................................................... 3
   2.2 Entstehungsgeschichte ........................................................... 5
   2.3 Wirkungsgeschichte ............................................................... 7
**3. Inhalt** ..................................................................................... 8
**4. Narrative Darstellung** ................................................................ 10
   4.1 Textaufbau ........................................................................... 10
   4.2 Erzählverhalten ..................................................................... 11
   4.3 Erzählperspektive .................................................................. 12
   4.4 Zeitstruktur des Erzählens ....................................................... 12
   4.5 Charakterisierung durch den Erzähler ...................................... 14
**5. Figuranalyse** .......................................................................... 15
   5.1 Pünktchen ............................................................................ 15
   5.2 Anton .................................................................................. 19
   Man kann über Anton zusammenfassend sagen, dass er ein „Prachtkerl" ist, der sein eigenes Wohl hinter das seiner Familie und Freunde stellt. Er steht schon sehr früh seinen Mann und ist oft zu stolz, um zu zugeben, dass auch er einmal Hilfe braucht. .......... 22
   5.3 Pünktchen und Anton ............................................................. 22
      5.3.1 Eine Freundschaft .......................................................... 22
      5.3.2 Zwei Welten ................................................................... 24
**6. Gattung** ................................................................................. 26
   6.1 Wieso werden Bücher zu wahren „Klassikern" der KJL? ............. 26
   6.2 Was macht genau dieses Buch zu einem Klassiker der KJL? ..... 27
**7. Kritische Refelexion** ................................................................. 31
Literaturverzeichnis ...................................................................... 32

## 1. Einleitung

Da auch Erich Kästner all seine Bücher mit einem Vorwort beginnt, möchte ich das an dieser Stelle in Form einer Einleitung auch tun.

Kurz werde ich mein Vorgehen in dieser Hausarbeit zu Kästners Buch „Pünktchen und Anton"[1] skizzieren.

Nach einer kurzen Dokumentation des Lebens des Autors, der Entstehungs- und Wirkungsgeschichte des Buches, sowie des Inhalts werde ich den Aufbau, mit Blick auf erzähltheoretische Fragestellungen, wie narrative Darstellung und Zeitstruktur

---

[1] Kästner, Erich: Mein liebes, gutes Muttchen, Du!. Hamburg: Albrecht Knaus Verlag 1981

des Erzählens beleuchten. Anschließend gehe ich zur Figurenanalyse über, in der ich mich auf die beiden Hauptfiguren Pünktchen und Anton beschränken werde. Ich gehe auch auf die gesellschaftliche und soziale Lebenssituation der Hauptfiguren und ihre Beziehung zueinander näher ein. Im Folgenden beschäftige ich mich mit der Gattung der Kinder- und Jugendliteratur und werde den Fragen nachgehen: „Wieso werden Bücher zu wahren ‚Klassikern' der Kinder- und Jugendliteratur (im weiteren „KJL" genannt)?" und „Was macht genau dieses Buch zu einem ‚Klassiker' der KJL?".

Schließen möchte ich meine Arbeit, indem ich kurz meine eigene Meinung zu „Pünktchen und Anton" darstelle.

## 2. Der Autor und sein Werk

### 2.1 Erich Kästner

*Kinder buchstabieren noch mit dem Herzen.*[2]

Erich Kästner wird am 23. Februar 1899 als Sohn der späteren Friseuse Ida Kästner (1871-1951) und Emil Kästner (1867-1957) in Dresden geboren. Seine Mutter, Ida Kästner, stammt aus einer sächsischen Metzger- und Pferdehändlerfamilie, Emil Kästner, ehemals selbständiger Sattlermeister, ist Arbeiter in einer Kofferfabrik. Erst nach Erich Kästners Tod wird das Familiengeheimnis gelüftet: nicht Ida Kästners Ehemann war Erichs Vater, sondern der Hausarzt, Sanitätsrat Dr. Emil Zimmermann. Erich Kästners Kindheit und Jugend sind geprägt von finanzieller Enge, der unglücklichen Ehe seiner Eltern und in besonderem Maße von seiner Mutter, die ihren Mann ständig seine Unzulänglichkeit spüren lässt und sich dafür umso stärker für das Wohl ihres Sohnes aufopfert. Das daraus entstehende enge Verhältnis zwischen Mutter und Sohn geht weit über das normale Maß hinaus. Sie schreiben

---
[2] Zitat von Erich Kästner: http://www.kaestner-im-netz.de/zitate/zitate.html

sich über viele Jahre hinweg täglich innige Briefe. Diese besondere Beziehung zu seiner Mutter prägt ihn für sein Leben und begründet u.a. sein schwieriges Verhältnis zu Frauen.

Erich Kästner tritt nach dem Besuch der Volksschule in den Jahren 1906 bis 1913 ins Freiherrlich von Fletscher´sche Lehrerseminar in Dresden ein. Seine Ausbildung zum Volksschullehrer wird im Jahre 1917 durch seine Einberufung zum Militär unterbrochen. Als er 1918 mit einem im Krieg erlittenen Herzschaden nach Dresden zurückkehrt, schließt er seine Lehrerausbildung endgültig ab.

Nach dem Krieg arbeitet er als Bankbeamter und Redakteur der Neuen Leipziger Zeitschrift und beginnt parallel dazu im Jahre 1919 ein Studium der Germanistik, Philosophie, Theaterwissenschaften und Geschichte in Leipzig, Rostock und Berlin. Er  schließt sein Studium 1925 mit der Promotion zum Dr. phil. ab. Nach der Entlassung durch die Neue Züricher Zeitung verlegt Kästner 1927 seinen Wohnsitz schließlich ganz nach Berlin und beginnt seine Karriere als freier Schriftsteller. Er arbeitet als Theaterkritiker und ist u.a. freier Mitarbeiter bei der „Weltbühne", „Montag Morgen" und der „Vossischen Zeitung".

1928 erscheint sein erster Gedichtband „Herz auf Taille" und 1929 sein erstes Kinder- und Jugendbuch „Emil und die Detektive", das ihn weltberühmt werden lässt. Es folgen weitere erfolgreiche Stücke: „Fabian. Die Geschichte eines Moralisten" (1931), „Pünktchen und Anton" (1931), „Der 35. Mai (1931) und „Das fliegende Klassenzimmer" (1933).

1933 werden verschiedene Werke Kästners verboten und durch die Nationalsozialisten öffentlich verbrannt. Kästner wird sogar von der GESTAPO verhaftet. Nach seiner Freilassung  schreibt er nur noch unter Pseudonym weiter, unter anderem auch 1942 das Drehbuch für den UFA-Jubiläumsfilm „Münchhausen". Obwohl ein totales Schreibverbot durch die

Nationalsozialisten gegen ihn verhängt wird, emigriert Kästner nicht. Viele seiner Werke können in dieser Zeit nur im Ausland veröffentlicht werden. Als 1944 Kästners Wohnung durch einen Bombenangriff vollkommen zerstört wird, zieht er zu Luiselotte Enderle, die er in Berlin wieder getroffen hat und mit der er von nun an zusammenlebt. Im Herbst 1945 gründet er das literarische Kabarett „Die Schaubude" in München und ist dort auch Feuilleton-Redakteur der „Neuen Züricher Zeitung". 1946 ist er Pressebeobachter der Nürnberger Prozesse. Von 1951 bis 1962 ist er zunächst Präsidenten und später Ehrenpräsident des Westdeutschen PEN-Zentrums. 1957 kommt sein Sohn Thomas zur Welt, der jedoch bei seiner Mutter Fridine Siebert in Berlin aufwächst. Im gleichen Jahr stirbt auch Kästners Vater. Schließlich zieht sich Kästner 1967 aus dem Literaturbetrieb zurück und stirbt am 29. Juli 1974, im Alter von 75 Jahren in München.

Kästner wurde mehrfach ausgezeichnet:

- Bundesfilmpreis für "Das doppelte Lottchen" (1950);
- Literaturpreis der Stadt München (1956);
- Georg - Büchner - Preis (1957);
- Hans - Christian - Andersen - Medaille des Internationalen Kuratoriums für das Jugendbuch (1960);
- Erster Preis ("Goldener Igel") im internationalen Humoristenwettbewerb der bulgarischen Jugendzeitung "Narodna Mladesch", Sofia (1966);
- Literaturpreis der Deutschen Freimaurer,
- Überreichung des Lessing - Rings (1968);
- Kultureller Ehrenpreis der Landeshauptstadt München (1970);
- Goldene Ehrenmünze der Landeshauptstadt München (1974).

## 2.2 Entstehungsgeschichte

*Könnte ein wunderbares Buch werden. Noch spannender als der >Emil<!*[3]

Die Idee zu „Pünktchen und Anton" entstand aus einer Erzählung mit dem Titel „Fräulein Paula spielt Theater", die Kästner Ende 1928 für das „Berliner Tageblatt" verfasst hat.

Er schrieb am 3. Februar 1930 an seine Mutter:

> Aber vor allem hab ich ein Thema fürs zweite Kinderbuch, [...]. Nach der „Berliner-Tageblatt"-

---

[3] Kästner, Erich: Mein liebes, gutes Muttchen, Du!. Hamburg: Albrecht Knaus Verlag 1981 (S. 108/109).

> Geschichte von mir [...]. Entsinnst Du Dich? Das Kinderfrl., das nachts, wenn die Eltern im Theater oder zum Ball sind, mit deren Tochter betteln geht! Entsinnst Du Dich, ja? Könnte ein wunderbares Buch werden. Noch spannender als der > Emil <![4]

Bei dieser „Berliner-Tageblatt"-Geschichte handelt es sich um eine selbstständige Kurzgeschichte, erschienen 1928, die  Kästner als einen wesentlichen Teil des Handlungsgerüsts für „Pünktchen und Anton" verwendet hat. Kästner hat noch eine zweite Kurzgeschichte aus seiner eigenen Feder verwendet, er versicherte kurz darauf seiner Mutter: „Die Sache mit den Streichhölzern ist wirklich passiert. Ich las einmal eine Zeitungsnotiz. Und nun wird ein Buch draus!"[5]

Kästner brauchte jedoch noch einige Zeit, bis er dann mit dem Manuskript zu „Pünktchen und Anton", parallel zu der Arbeit an seinem Werk „Fabian", begann.

„Pünktchen und Anton" wurde von Kästner innerhalb nur weniger Wochen im Juni 1931 geschrieben, bis das Projekt plötzlich ins Stocken geriet. Kästner dazu:

> Trier hat der Jacobsohn [Kästners Verlegerin] das Kinderbuch mit Pünktchen verekelt. Nun weiß sie nicht, was sie tun soll. Ich hab ihr gesagt, dann solle sie mir das Buch freigeben. Das will sie aber auch nicht. Ich soll es ganz umändern. Ich denke nicht dran.[6]

Schließlich erklärte sich Edith Jacobsohn doch dazu bereit, das Buch nach Kästners Vorstellungen und Entwürfen unverändert zu drucken. „Vom Pünktchen sind bis jetzt 3000 Exemplare vorbestellt. Das ist ganz ordentlich."[7], kann man einem weiteren Brief Kästners vom 27. Oktober 1931 an seine Mutter entnehmen. Vorab werden schon einmal „kleine Kapitelabschnitte"[8] in diversen Berliner Zeitungen abgedruckt,

---

[4] Ebd. S. 108/109.
[5] Ebd. S. 110/111.
[6] Kästner, Erich: Mein liebes, gutes Muttchen, Du!. Hamburg: Albrecht Knaus Verlag 1981 (S. 150).
[7] Ebd. S. 154.
[8] Ebd. S. 162.

„(d)amit es gleich verkauft wird, wenn es in den nächsten Wochen erscheint."[9], so Kästner zu seiner Mutter am 7. November 1931. „Pünktchen und Anton" erschien zum ersten Mal komplett als Buch Mitte November 1931.

## 2.3 Wirkungsgeschichte

*Gestern kam die erste Pünktchen-Zuschrift.*[10]

Einen Monat nach Erscheinen von „Pünktchen und Anton" im November 1931 schrieb Kästner an seine Mutter: „Jetzt kommen die Pünktchen-Kritiken angetrudelt, fast ausnahmslos sehr schön. [...] Nun wird´s die Jacobsohn wohl bald glauben."[11] Kästner an seine Mutter am 22. November 1931:

> Gestern kam die erste Pünktchen-Zuschrift. Von einer Mutter, der es die erwachsenen Kinder zum Geburtstag geschenkt hatten. Drollig, was? Sie schrieb, wenn die dicke Berta kündigen sollte, könnte sie bei ihnen eintreten da ihr Mädchen im Frühjahr heiratete.[12]

Das Buch war ein solcher Erfolg, dass sogar das Theater auf das neue Kästner-Buch aufmerksam geworden war. Gottfried Reinhardt, der Sohn Max Reinhardts, wollte es am Deutschen Theater in Berlin inszenieren. Kästner wusste, dass es eine „tolle Arbeit"[13] werden würde. Die Premiere sollte am 15. Dezember des gleichen Jahres sein. Jedoch ergaben sich mehr und mehr Probleme, die sich durch einen sich verschärfenden Konflikt zwischen Autor und Regisseur entwickelten. Zunächst waren es Honorarprobleme, dann Vertragsformulierungen, dann ging es um die Art und Weise, wie Reinhardt die Proben leitete und schließlich gipfelte der Streit kurz nach der (verschobenen) Premiere am 19. Dezember 1931. Nach nur acht Vorstellungen wurde die Bühnenfassung von „Pünktchen und Anton" abgesetzt.

---

[9] Ebd. S. 162.
[10] Ebd. S. 170.
[11] Ebd. S. 170/171.
[12] Kästner, Erich: Mein liebes, gutes Muttchen, Du!. Hamburg: Albrecht Knaus Verlag 1981 (S. 170).
[13] Ebd. S. 163.

Kästner über die ganze Sache an seine Mutter am 15. Januar 1932:

> Obwohl ich seit Tagen wie ein leicht Verrückter um die „Pünktchen"-Aufführung kämpfe, wird das Stück überhaupt nicht mehr gespielt werden, falls kein Wunder geschieht. Die Reinhardt-Bühnen erklären einfach, sie verdienten nichts daran. Und da kann man nichts machen. Es ist wirklich ein Jammer. Ich habe eine Wut im Bauch, ich könnte denen das ganze Theater zerhacken. Na, Mensch, ärgere Dich nicht. 8 Aufführungen waren es im Ganzen. Es ist zum Heulen.[14]

Trotz all dem Ärger mit der Bühnenaufführung ist das Buch „Pünktchen und Anton" bis heute in der 120. Auflage erschienen und wie die meisten Bücher Kästners in über 100 Sprachen übersetzt worden. Es wurde verfilmt und auch als Hörspiel produziert.

## 3. Inhalt

Ein Mädchen von nicht bestimmbaren Alter namens Luise, genannt Pünktchen, das aber schon zur Schule geht, wächst in einem reichen Elternhaus auf. Der Vater, Direktor Pogge, ist Besitzer einer Spazierstockfabrik und Pünktchens Mutter widmet sich voll und ganz ihren gesellschaftlichen Verpflichtungen und hat nur wenig Zeit für ihre Tochter.
Pünktchen begibt sich nachts heimlich, wenn ihre Eltern ihrem gesellschaftlichen Leben nachgehen, angestiftet durch ihr Kinderfräulein Frl. Andacht, zusammen mit ihr auf die Weidendammer-Brücke in Berlin, um dort ein armes Kind mit einer blinden Mutter zu spielen und Zündhölzer zu verkaufen.
Den Erlös aus diesem heimlichen Theaterspiel braucht das Kindermädchen für ihren zwielichtigen Bräutigam Robert.
Pünktchen lernt auf diese Weise Anton Gast kennen, einen ehrlichen, armen Jungen, der sich auf der anderen Straßenseite durch das Verkaufen von Schnürsenkeln und

---
[14] Ebd. S. 178.

Zündhölzern etwas dazu verdienen will, da er sich um seine kranke Mutter kümmern muss. Diese ist schon eine längere Zeit krank und kann daher kein Geld für sich und ihren Sohn verdienen. Einen Vater hat Anton nicht mehr.

Zwischen Pünktchen und Anton entwickelt sich eine tiefe Freundschaft, und sie treffen sich auch am Tage, um etwas zusammen zu unternehmen. Pünktchen lernt auch Antons Leben kennen, das sich in einer ganz anderen sozialen Schicht abspielt, als das ihre.

Anton und seine Mutter, Frau Gast, sind arm und der Junge kocht, putzt und verdient, ohne das Wissen seiner Mutter, Geld, um sie und sich über Wasser zu halten. Er tut soviel, dass er sogar vor Erschöpfung in der Schule einschläft und Ärger mit seinem Lehrer bekommt. Pünktchen hilft ihrem Freund Anton heimlich und spricht bei seinem Lehrer vor, denn der stolze Anton würde dies nie tun. Sie erklärt ihm, was Anton alles neben der Schule leisten muss und welche Anstrengungen er unternimmt, um seiner Mutter zu helfen und genug Geld zum Leben zu verdienen. Pünktchen erreicht mit ihrem Gespräch bei Antons Lehrer, dass dieser Verständnis hat und ab sofort sehr freundlich zu ihm ist.

Der Portiersjunge der Pogges, Gottfried Klepperbein, versucht Pünktchen mit ihren nächtlichen Betteleien zu erpressen, aber Anton kann dies verhindern.

Dann entschließt sich Gottfried alles gegen Geld Pünktchens Vater zu erzählen, der dann heimlich der Sache nachgeht. Er folgt Pünktchen und ihrem Kinderfräulein nachts und beobachtet ihr Betteln aus der Ferne, bis er sich entschließt seine Frau dazu zu holen. Als die Pogges zusammen zum Ort des Geschehens auf die Weidendammer-Brücke zurückkehren, beobachten sie das Schauspiel von Pünktchen und Frl. Andacht und greifen schließlich ein. Das Kinderfräulein flieht.

Anton beobachtet währenddessen, dass Robert, der Bräutigam von Frl. Andacht, sich den Wohnungsschlüssel der Pogges beschafft und er schließt daraus, dass dieser dort einbrechen will. Sofort verständigt er die Köchin der Pogges, Berta, die ganz alleine zu Hause ist. Diese kann dann den Einbrecher Robert k.o. schlagen und die Polizei alarmieren.

Das glückliche Ende führt Anton und seine Mutter als ständige Mitbewohner der Familie Pogge zu. Frau Gast wird das neue Kindermädchen der Pogges und der Einbrecher Robert wandert ins Gefängnis.

## **4. Narrative Darstellung**

### **4.1 Textaufbau**

Das Werk hat 148 Seiten, eingeteilt in 16 Kapitel mit mehreren Teilen, die jeweils durch eine Leerzeile markiert sind. Jedes Kapitel besteht aus 8 Seiten, mit Ausnahme der ersten beiden Kapitel, die jeweils aus 13 Seiten bestehen. Die Kapitel enthalten Überschriften, die nur thematisch formuliert sind. Als Beispiel: „Die Kinder machen Nachtschicht"[15] (Kapitel 6) oder „Ein Abendkleid wird schmutzig"[16] (Kapitel 14). Dem Buch geht eine kursiv gedruckte Einleitung mit dem Titel „Die Einleitung ist möglichst kurz"[17] voran. Pünktchen und Anton enthält 16 „Nachdenkereien" des Autors, die jeweils anschließend an ein Kapitel zu finden sind. Auch diese sind kursiv gedruckt. Die „Nachdenkereien" haben immer ein bestimmtes Thema, das auch in der jeweiligen Überschrift erkennbar wird. Die Überschriften der „Nachdenkereien" beginnen immer mit „Die erste/zweite/dritte/… Nachdenkerei handelt: …. Eingefügt werden dann zum Beispiel: „Von der Phantasie"[18] oder „Von

---

[15] Kästner, Erich: Pünktchen und Anton. 120. Auflage. Hamburg: Cecile Dressler Verlag, 1981 (S. 65).
[16] Ebd. S. 128.
[17] Ebd. S. 7.
[18] Ebd. S. 47.

der Freundschaft"[19]. Ebenfalls kursiv gedruckt ist „(d)as kleine Nachwort"[20], das am Ende der Geschichte zu finden ist. Das Buch schmücken insgesamt 13 schwarz-weiß Illustrationen von Walter Trier, die meist mit einem Zitat aus dem Text verbunden sind.

### 4.2 Erzählverhalten

Der Erzähleingang beginnt direkt auf der Figurenebene, indem die Perspektive auf Herrn Direktor Pogge gerichtet wird:

> Als Herr Direktor Pogge mittags heimkam, blieb er wie angewurzelt stehen und starrte entgeistert ins Wohnzimmer. Dort stand nämlich Pünktchen, seine Tochter, mit dem Gesicht zur Wand, knickste andauernd und wimmerte dabei. Hat sie Bauchschmerzen? Dachte er. Aber er hielt die Luft an und rührte sich nicht von der Stelle.[21]

Herr Pogge wird vom Erzähler mit dem Namen eingeführt und ist unmittelbar handelnde Figur.

Der Leser wird mitten ins Geschehen gestellt. Zu seiner Orientierung gibt es keine erklärende Vorgeschichtete.

Nach dieser ersten Szene schaltet sich nun der Erzähler mit einem längeren Bericht ein, in welchem er Pünktchen und ihre Eltern in der Erzählerperspektive vorstellt und ihre Wohnung beschreibt. Im letzten Satz scheint ein ironischer Erzählton des Erzählers durch:

> Die Wohnung bestand aus zehn Zimmern und war so groß, dass Pünktchen, wenn sie nach dem Essen ins Kinderzimmer zurückkam, meist schon wieder Hunger hatte. So lang war der Weg![22]

Wertungen gibt der Erzähler durch den ganzen Text hindurch. Er lenkt die Sympathien des Lesers gegenüber den Figuren und verstärkt damit seine Charakterisierung der dieser. Ich werde darauf in Punkt 4.5 näher eingehen.

---

[19] Ebd. S. 88.
[20] Ebd. S. 157.
[21] Ebd. S. 11.
[22] Kästner, Erich: Pünktchen und Anton. 120. Auflage. Hamburg: Cecile Dressler Verlag, 1981 (S.14).

### 4.3 Erzählperspektive

Das Geschehen wird von einem Er-Erzähler präsentiert, der aus auktorialer Sicht berichtet. Das Wissen des Narrators umfasst sowohl die Außensicht, das äußerlich Wahrnehmbare, als auch die Innensicht, zu der die Gedanken, Gefühle und Träume der Personen zählen:

> Weil wir gerade vom Essen sprechen: Herr Pogge hatte Hunger. Er klingelte. Berta, das dicke Dienstmädchen, trat ein. „Soll ich verhungern?" fragte er ärgerlich.[23]

Der Erzähler ist im ganzen Text sehr präsent, aber auf eine relativ unauffällige Art, obwohl in „Pünktchen und Anton" ein relativ hoher Anteil an direkten Redeberichten (durchschnittlich 46%)[24] vorliegt.

„Auch die vielen Erklärungen und Wertungen auf der Handlungsebene gehören meistens zu seiner Kompetenz (der des Erzählers). Durch die vielen eingeschobenen direkten Redeberichte wechselt die Perspektive […] zwischen Erzähler und Figuren sehr häufig. In den Teilen außerhalb des Dialogs wird aber sehr stark aus der Erzählerperspektive erzählt."[25]

### 4.4 Zeitstruktur des Erzählens

Besonders häufig findet man in „Pünktchen und Anton" zeitliche Schnittstellen an Kapitelanfängen und bei Teilen des Textes, die durch eine Leerzeile innerhalb des Kapitels abgegrenzt sind.

Bei „Pünktchen und Anton" beschränkt sich die Handlungszeit auf drei Tage, wobei das zeitliche Schwergewicht auf den Tagen Donnerstag und Freitag liegt.

Anhand der Kapitel kann man folgende Zeiteinteilung der erzählten Zeit vornehmen:

---

[23] Ebd. S. 14.
[24] Steck-Meier, Esther: Erich Kästner als Kinderbuchautor, eine erzähltheoretische Analyse, Bern: Lang, 1999 (Narratio: Bd. 14) S. 174.
[25] Steck-Meier, Esther: Erich Kästner als Kinderbuchautor, eine erzähltheoretische Analyse, Bern: Lang, 1999 (Narratio: Bd. 14) S. 174.

| Kapitel | Tag | Nachweis am Text | Erläuterung |
|---------|-----|------------------|-------------|
| 1-7 | Donnerstag | ------------------------------- | Man kann auf den Donnerstag nur implizit schließen durch die Angabe des „Freitags" (s.u.) |
| 8-15 | Freitag | „Freitags kam Pünktchen eine Stunde früher als sonst aus der Schule."[26] | Eine eindeutige Zeitangabe |
| 16 | Samstag | „Als Pünktchen am nächsten Tag aus der Schule kam, […]."[27] | Man kann aus „am nächsten Tag" [28]auf den Samstag schließen. |

Man bekommt ein einziges Mal eine genaue Datumsangabe, durch die man das Erzählte in das Jahr einordnen kann:

> Und dann fragte sie, ohne sich umzuwenden: „Den Wievielten haben wir heute?" Er wunderte sich zwar, lief aber, um sich nicht noch mehr zu ärgern, zum Wandkalender hinüber und las laut: „Den 9. April."[29]

Eine einheitliche Verwendung der Erzählgeschwindigkeit liegt nicht vor. Es gibt zum Beispiel Passagen, in denen die Erzählzeit kürzer ist als die erzählte Zeit, man bezeichnet dies als Zeitraffung:

> Direktor Pogge war noch in seiner Spazierstockfabrik. Die gnädige Frau lag noch im Schlafzimmer und vertrieb sich die Zeit mit Migräne. Fräulein Andacht saß in ihrer Stube. Pünktchen und Piefke waren bis zum Abendessen allein.[30]

Jedoch gibt es auch Passagen, die zeitdeckend geschrieben sind, das heißt, die erlebte und erzählte Zeit sind gleich. Deutlich wird dies beispielsweise in Dialogen:

> „Vergiss nicht, dass wir heute Abend bei Generalkonsul Ohlerich eingeladen sind", sage seine Frau.

---

[26] Kästner, Erich: Pünktchen und Anton. 120. Auflage. Hamburg: Cecile Dressler Verlag, 1981. (S. 81).
[27] Ebd. S. 146.
[28] Ebd. S. 146.
[29] Ebd. S. 91/92.
[30] Kästner, Erich: Pünktchen und Anton. 120. Auflage. Hamburg: Cecile Dressler Verlag, 1981 (S.58).

> „Nein, sagte Herr Pogge.
> „Das Huhn ist ganz kalt", sagte sie.
> „Jawohl", sagte die dicke Berta.
> „Hat Pünktchen Schularbeiten auf?", fragte sie.
> „Nein", sagte Fräulein Andacht.
> „Kind, bei dir ist ja ein Zahn locker!", rief sie.
> „Jawohl", sagte Pünktchen.[31]

Wie man an den gewählten Beispielen erkennen kann, wechselt die Erzählgeschwindigkeit im Text und lässt keine einheitliche Bestimmung der Erzählzeit in „Pünktchen und Anton" zu.

## 4.5 Charakterisierung durch den Erzähler

Sehr klar und deutlich zu spüren ist die Sympathielenkung für oder gegen eine Figur der Erzählung durch den Erzähler.
Er lenkt damit den Leser und untermalt die Charaktere der Figuren entweder positiv oder negativ. Dem Leser fällt es schwer, die Meinung über eine Person nicht mit dem Erzähler zu teilen. Besonders in den „Nachdenkereien wird dies deutlich.

> Und nun will ich Folgendes fragen: Welche von den Personen hat euch gefallen und wer nicht? Wenn ich mal meine Meinung äußern darf: Pünktchen gefällt mir ganz gut und die dicker Berta auch. Über Herrn Pogge kann ich mir noch kein Urteil bilden. Aber Pünktchens Mutter, die kann ich für den Tod nicht leiden.[32]

Auch nutzt der Erzähler die Aussagen anderer Personen über die zu beschreibende Person, um seiner eigenen Meinung Nachdruck zu verleihen:

> Als sie beim Nachtisch saßen, es gab Reineclauden, erschien Frau Pogge. Sie war sehr hübsch, aber, ganz unter uns, sie war auch ziemlich unausstehlich. Berta, das Dienstmädchen, hatte mal zu einer Kollegin gesagt: „Meine Gnädige, die sollte man mit ´nem nassen Lappen erschlagen [...]." [33]

> Dann erschien das Fräulein Andacht. Fräulein Andacht war das Kindermädchen. Sie war groß, sehr mager und

---
[31] Ebd. S.19.
[32] Erich Kästner: Pünktchen und Anton. 120. Auflage. Hamburg: Cecile Dressler Verlag, 1981 (S. 22).
[33] Ebd. S. 18.

sehr verrückt. „Die hat man als Kind zu heiß gebadet", erzählte die dicke Berta immer, und die beiden konnten einander auch sonst gut leiden.[34]

## 5. Figuranalyse

### 5.1 Pünktchen

„Pünktchen heißt eigentlich Luise. Aber weil sie in den ersten 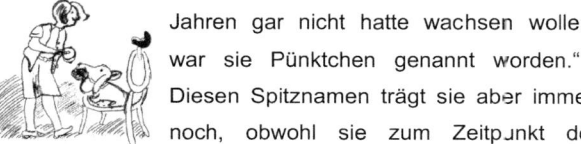 Jahren gar nicht hatte wachsen wollen, war sie Pünktchen genannt worden."[35] Diesen Spitznamen trägt sie aber immer noch, obwohl sie zum Zeitpunkt der Geschichte schon „längst zur Schule"[36] geht und „gar nicht mehr klein (ist)"[37]. Sie ist die Tochter von Direktor Pogge und seiner Frau. Pünktchen ist ein sehr phantasievolles Kind, das gerne Theater spielt, sich verkleidet und in fremde Rollen schlüpft:

> Sie hatte die rote Morgenjacke ihres Vaters angezogen und ein Kopfkissen darunter gewürgt, sodass sie einer runden verbeulten Teekanne glich. [...] Auf dem Kopf schaukelte Bertas Sonntagshut. [...] In der einen Hand hielt Pünktchen das Nudelholz, in der anderen einen Bindfaden. An dem Bindfaden war eine Bratpfanne festgebunden und in der Bratpfanne, die klappernd hinter dem Kind hergondelte, saß Piefke, der Dackel, und runzelte die Stirn. [...] Pünktchen spazierte einmal rund um den Tisch, blieb dann vor ihrem Vater stehen, betrachtete ihn prüfend und fragte ernsthaft: „Kann ich mal die Fahrscheine sehen?"[38]

Pünktchens Phantasie ist nahezu grenzenlos. Sie denkt sich unter anderem ständig neue Wörter aus. Als Anton von ihr wissen will, wie sie das Haus findet, in dem er und seine Mutter wohnen, bezeichnet sie es als „ein bisschen verwahrlaust"[39].

---
[34] Ebd. S. 14/15.
[35] Ebd. S. 12.
[36] Ebd. S. 12.
[37] Ebd. S. 12.
[38] Erich Kästner: Pünktchen und Anton. 120. Auflage. Hamburg: Cecile Dressler Verlag, 1981 (S. 15/16).
[39] Ebd. S. 37.

„Ich entdecke manchmal neue Wörter. Wärmometer ist auch von mir"[40], erklärt sie ihm.

Pünktchen hat ihre ganz eigene Meinung von Dingen und Personen und gibt diese unverblümt zum Besten.[41]

Sie hat ihren ganz eigenen Humor und versteht es andere Leute damit zu ärgern. Als ihr Kinderfräulein sie nach Antons Hausnummer fragt, reagiert sie wie folgt:

> „Einhundertachtzig durch fünf", sagte Pünktchen. „Warum merkst du dir nicht gleich sechsunddreißig?", fragte Fräulein Andacht. „Es behält sich leichter", behauptete das Kind.[42]

Pünktchen hat einen ganz eigenen Standpunkt in Bezug auf Erwachsene. Sie glaubt nicht alles, was diese ihr sagen. Sie glaubt zum Beispiel nicht, dass Frauen nichts von Arbeit und Geld verstehen, wie es ihr Vater behauptet.[43] Ihre Meinung über die Erwachsenen gibt sie ganz offen preis:

> So sind die Erwachsenen. [...] Wir sollen alles können, rechnen, singen und zeitig schlafen gehen und Purzelbäume, und sie selber haben von nichts´ ne blasse Ahnung.[44]

Sie hat keine Angst mit Erwachsenen zu sprechen und nimmt auch nicht gerade eine ehrwürdige Haltung vor dem Alter an. Sie spricht mit Erwachsenen genauso, als wären sie ihr altersmäßig gleich gestellt und bleibt dabei doch immer höflich. Sie hat zum Beispiel keine Scheu davor, einige von Antons Lehrern auf ihre Plätze zu verweisen:

> „Entschuldigen Sie, meine Herren", sagte Pünktchen, „wollen Sie sich bitte auf ihre Plätze begeben? Ich muss mit Herrn Bremser unter vier Augen sprechen."[45]

Nicht alle Leute können mit Pünktchens übersprudelnder und spontaner Art umgehen. Für manch einen Erwachsenen ist das einfach zuviel. So sagt der Friseur über sie: „Ein schwer

---

[40] Ebd. S. 37.
[41] Ebd. S. 44.
[42] Ebd. S. 26.
[43] Ebd. S. 12.
[44] Ebd. S. 44.
[45] Kästner, Erich: Pünktchen und Anton. 120. Auflage. Hamburg: Cecile Dressler Verlag, 1981 (S. 83).

erziehbares Kind, wie?"[46] und „So was zwei Tage um mich herum und ich sehe weiße Mäuse."[47]

Doch es gibt auch Erwachsene, denen Pünktchen mit ihrer offenen und ehrlichen Art imponiert und die ihr dadurch Aufmerksamkeit und Gehör schenken. So schafft sie es, Herrn Bremser, Antons Lehrer, davon abzuhalten, einen mahnenden Brief an Antons Mutter zu schreiben, als sie ganz offen mit ihm über Antons Heldentaten für seine Mutter spricht.[48]

Pünktchen ist trotz ihrer oft sehr offenen und unverblümten Bemerkungen aber auch ein Mädchen mit sehr viel Feingefühl. Als sie zum ersten Mal zu Anton nach Hause kommt, „hatte (sie) sich vorgenommen, alles, was sie hier sah, schön zu finden, um Anton und seine Mutter nicht zu kränken."[49] „Sie wohnen aber auch sehr schön, Frau Gast." sagt sie, obwohl die Wohnung der Gasts nicht im entferntesten ihren Vorstellungen entspricht. Auch sonst zeigt sie, dass sie Taktgefühl besitzt, indem sie zu der sehr krank aussehenden Frau Gast sagt: „„Sie sehen ja glänzend aus", [...] und eigentlich fand das Kind Antons Mutter schrecklich blass und aufgeregt.'"[50]

Zu ihrem Vater hat Pünktchen eine ganz besondere Beziehung. Sie nennt ihn „Direktor"[51] statt Papa, und spricht auch mit ihm, als sei er in ihrem Alter. So zum Beispiel: „Direktor, macht mir keine Dummheiten!"[52]

Obwohl sie ihn mit „Direktor"[53] bezeichnet, hat sie ein sehr zärtliches und liebevolles Verhältnis zu ihrem Vater. Sie tröstet ihn, als er Schuldgefühle wegen der Sache mit Frl. Andacht hat und ihm bewusst wird, dass er und seine Frau

---

[46] Ebd. S. 45.
[47] Ebd. S. 43.
[48] Ebd. S. 83-87.
[49] Ebd. S. 32.
[50] Kästner, Erich: Pünktchen und Anton. 120. Auflage. Hamburg: Cecile Dressler Verlag, 1981 (S. 97).
[51] Ebd. S. 18.
[52] Ebd. S. 62.
[53] Ebd. S. 18.

sich nur wenig um sie kümmern können, da „nahm (sie) seine große Hand in ihre kleinen Hände und blickte ihm in die Augen"[54] und „streichelte seine Hand."[55]

Neben Anton hat Pünktchen auch noch einen tierischen Freund und zwar einen „kleine(n) braune(n) Dackel"[56] Namens Piefke.

Piefke „war, solange er müde war, ein folgsamer Hund."[57] Er ist fast immer an Pünktchens Seite und dient ihr oft als Gesprächspartner. Sie spricht mit ihm, als wäre er ein Mensch: „Piefke, Piefke', erklärte sie, ‚das ist kein Beruf für mich.'"[58] oder „Ist der Zahn raus?', fragte sie ihn. Der Hund wusste es auch nicht."[59] Er und Pünktchen spielen zudem oft Theater zusammen. Piefke muss dabei immer in verschiedene Rollen schlüpfen:

> Anton musste sich auf einen Stuhl setzen. Die anderen (Pünktchen und Piefke) spielten ihm das Märchen von Rotkäppchen vor. Piefke konnte seine Rolle schon sehr gut. Aber auch diesmal wollte er Pünktchen nicht fressen. „Vielleicht lernt er es, wenn er ein paar Jahre älter geworden ist", sagte das Mädchen. Anton meinte, die Aufführung sei trotzdem ausgezeichnet gewesen.[60]

Auf Pünktchens besonderes Verhältnis zu Anton gehe ich im Kapitel 5.2 ein.

Alles in allem kann man Pünktchen als ein aufgewecktes, spontanes und lustiges Mädchen beschreiben, das mit seiner ganz besonderen Art den Leser verzaubert und zu ihr aufschauen lässt. Sie ist einfach liebenswürdig.

---

[54] Ebd. S. 144.
[55] Ebd. S. 144.
[56] Ebd. S. 11.
[57] Ebd. S. 37.
[58] Ebd. S. 58.
[59] Ebd. S. 59.
[60] Kästner, Erich: Pünktchen und Anton. 120. Auflage. Hamburg: Cecile Dressler Verlag, 1981 (S. 148/149).

## 5.2 Anton

Anton ist ein ganz besonderer Junge. Er lebt zusammen mit  seiner kranken Mutter (Frau Gast) in einem „sehr alte(n), hässliche(n) Haus"[61] in armen Verhältnissen. Seine Mutter ist Aufwartefrau. Eine genaue Altersangabe bekommt man auch bei ihm nicht, aber man kann vermuten, dass er im gleichen Alter wie Pünktchen ist, da die beiden viel zusammen unternehmen. Für sein Alter ist er schon sehr erwachsen und meistert Aufgaben, die man einem Jungen in seinem Alter kaum zutrauen würde:

> Er hatte dem Hauswirt versprochen, übermorgen fünf Mark Miete abzuzahlen, das Wirtschaftsgeld war auch schon wieder zu Ende. Er musste morgen Margarine besorgen, sogar ein Viertelpfund Leberwurst plante er.[62]

Er versorgt seine kranke Mutter. Er kocht, putzt, wäscht und regelt sogar finanzielle Dinge. Pünktchen sagt über ihn:

> „Ich kann Ihnen nur soviel sagen, dass sich der arme Junge Tag und Nacht abrackert. Er hat seine Mutter gern, und da schuftet er und verdient Geld und bezahlt das Essen und bezahlt die Miete, und wenn er sich die Haare schneiden lässt, bezahlt er´s ratenweise. […]"[63]

Heimlich verkauft er nachts Schnürsenkel und auch Streichhölzer, um das Wirtschaftsgeld aufzubessern und versucht seiner Mutter auf keinem Fall auf der Tasche zu liegen. Als sie ihm Geld für einen Haarschnitt geben will, sagt er: „Aber Geld habe ich selber. […] Ich habe am Bahnhof ´n paar Koffer tragen helfen."[64]

Für Anton ist das, was er alles für seine Mutter tut, ganz selbstverständlich. Er fühlt sich nicht als Musterknabe:

> „Na ja", sagte er. „Was soll man machen? Meine Mutter ist doch schon so lange krank, und da koche ich eben,

---

[61] Ebd. S. 26.
[62] Ebd. S.68.
[63] Ebd. S.86.
[64] Kästner, Erich: Pünktchen und Anton. 120. Auflage. Hamburg: Cecile Dressler Verlag, 1931 (S. 34)

wenn ich aus der Schule komme. Wir können doch nicht verhungern?"[65]

Dieses Zitat zeigt auch zwei weitere sehr wichtige Charakterzüge Antons: er ist sehr bescheiden und stolz. Niemals würde er seinem Lehrer, Herrn Bremser, sagen, warum er in der Rechenstunde eingeschlafen ist, auch wenn ihm dadurch ein mahnender Brief an seine Mutter nicht erspart bleibt. „Lieber beiß ich mir die Zunge ab"[66], meint Anton.

Er möchte auch nichts geschenkt haben, denn er will nicht um sein Geld betteln, sondern es verdienen. Als ihm jemand, statt ihm Schnürsenkel abzukaufen, Geld gibt, sagt er:

> „Ich danke Ihnen sehr", [...] und hielt ihm zwei Paar Schnürsenkel hin.[67]

Obwohl er mehr Geld sicherlich sehr gut gebrauchen kann, „verstand (er) es nicht, den Leuten etwas vorzujammern, obwohl ihm das Heulen näher war als das Lachen."[68]

Gut geht es Anton nicht. Er macht sich Sorgen um die Gesundheit seiner Mutter, um seine schulischen Probleme, darum ob genug zu Essen da ist und über alles, worum er sich sonst noch kümmern muss. Er ist überfordert mit der Situation und seine Sorgen bringen ihn sogar um den Schlaf:

> Hatte er die Korridortür abgeschlossen? War der Gashahn zugedreht? Anton warf sich unruhig hin und her, dann stand er noch einmal auf und sah nach, ob alles in Ordnung war. [...]. Die Rechenaufgaben hatte er gemacht. Aufs Diktat vorbereitet hatte er sich auch. Hoffentlich schrieb Herr Bremser der Mutter keinen Brief. [...] Hatte er noch genug Schnürsenkel? Die braunen würden nicht mehr lange reichen.[69]

---

[65] Ebd. S. 27.
[66] Ebd. S. 73.
[67] Ebd. S. 68.
[68] Ebd. S. 68.
[69] Kästner, Erich: Pünktchen und Anton. 120. Auflage. Hamburg: Cecile Dressler Verlag, 1981 (S. 78).

Zu seiner Mutter hat Anton ein sehr inniges Verhältnis. Er nennt sie „Muttchen"[70] und umsorgt sie, als wäre beinahe sie das Kind und er das Elternteil:

> Er gab der Mutter einen Kuss auf die Backe und riet ihr, sehr fest zu schlafen und ja nicht aufzustehen und sich warm zuzudecken und so weiter.[71]

Für ihn gibt es nichts Schlimmeres, als seiner Mutter Kummer zu bereiten und als er bemerkt, dass er den Geburtstag seiner Mutter vergessen hat, „fiel (er) auf seinen Stuhl zurück und zitterte. Er schloss die Augen und wünschte sich nichts sehnlicher, als auf der Stelle tot zu sein ...."[72]

Was dann passiert, erinnert, in seiner Darstellung und auch inhaltlich, sehr stark an ein Kapitel aus Kästners Kindheitserinnerungen. Die Angst vor dem Selbstmord der Mutter ist dem Autor nicht fremd, in dem bereits erwähnten Kapitel seines autobiographischen Kinderbuches schildert Kästner, wie er als Kind regelmäßig auf der Suche nach seiner Mutter war, die der Familie wiederholt ihren Freitod ankündigte.[73]

Wenn man das Verhältnis zwischen Anton und seiner Mutter näher betrachtet, bleibt es unverborgen, dass Kästner hier sehr viel Biographisches hat einfließen lassen. So lässt er Anton seine Mutter auch „Muttchen" nennen, wie auch er es immer tat. Nachzulesen ist das in seinen vielen Briefen an seine Mutter, die immer begannen mit: „Mein liebes Muttchen![74]

Auch Antons gesammte Energie und sein Denken kreisen um seine Mutter, die, mehr noch als seine Freundin Pünktchen, seine engste Bezugsperson darstellt.

Auf Antons Verhältnis zu Pünktchen gehe ich in Abschnitt 5.3.2 ein.

---

[70] Ebd. S.32.
[71] Ebd. S.34.
[72] Ebd. S.92.
[73] Krompos, Ulrike: Erich, Emil und all die anderen... ,Kästner und seine Kinderbuchfiguren - eine vergleichende Untersuchung von Biographie und Literatur, Giessen 1987. (S. 15)
[74] Kästner, Erich: Mein liebes, gutes Muttchen, Du!. Hamburg: Albrecht Knaus Verlag 1981 (S. 178).

Man kann über Anton zusammenfassend sagen, dass er ein „Prachtkerl"[75] ist, der sein eigenes Wohl hinter das seiner Familie und Freunde stellt. Er steht schon sehr früh seinen Mann und ist oft zu stolz, um zu zugeben, dass auch er einmal Hilfe braucht.

### 5.3 Pünktchen und Anton

#### 5.3.1 Eine Freundschaft

Pünktchen und Anton haben eine sehr innige Beziehung zueinander. Obwohl beide ganz unterschiedliche Charaktere besitzen, ergänzen sie sich sehr gut. Pünktchen, die eher dazu neigt, es ein bisschen zu übertreiben, braucht hin und wieder eine bremsende Bemerkung von Anton, um zu begreifen, dass sie sich auch mal etwas zurücknehmen muss. Anton reagiert zum Beispiel auf Pünktchens Verhalten beim Friseur folgendermaßen:

> Auf der Straße fasste Pünktchen Anton bei der Hand und fragte: „War's sehr schlimm?" „Na, es war allerhand", sagte er. „Das nächste Mal nehme ich dich nicht wieder mit." Dann lässt du's eben bleiben" entgegnete sie und ließ seine Hand los.[76]

Pünktchen ist zwar zunächst beleidigt und gekränkt, weil Anton so etwas zu ihr gesagt hat. Dies zeigt, dass es ihr sehr wichtig ist, was er über sie und ihr Verhalten denkt. Aber lange kann sie nicht schmollen, denn „lange ertrug sie Antons Schweigen nicht."[77]

Beide sind sehr wichtig füreinander uns sie schätzen den anderen jeweils sehr:

---

[75] Kästner, Erich: Pünktchen und Anton. 120. Auflage. Hamburg: Cecile Dressler Verlag, 1981 (S.134).
[76] Ebd. S. 45.
[77] Ebd. S. 45.

„Ist sie nicht erstklassig?"[78], fragt Anton in Bezug auf Pünktchen und sie sagt über ihn: „Kruzitürken", […] „was der Junge alles kann!"[79] und auch: „Der ist goldrichtig."[80] Pünktchen geht es besser, wenn Anton in ihrer Nähe ist:

> „Soll ich dir helfen?", fragte er.
> „Ach ja", sagte sie. „Bleibe hier, das beruhigt mich."[81]

Sie helfen sich gegenseitig, wo sie nur können und sehen diese Hilfe als ganz selbstverständlich an. Pünktchen erweist Anton zum Beispiel einen heimlichen Freundschaftsdienst als sie mit seinem Lehrer spricht und Anton so vor einem mahnenden Brief an seine Mutter bewahrt und Verständnis für ihn bei seinem Lehrer weckt.[82]

Pünktchen ist sehr stolz Anton als Freund zu haben und sie erwähnt daher mehrmals:

> „Das ist doch klar wie Kloßbrühe", sagte Pünktchen. „Das war mein Freund Anton."

Zwar kommen sie aus sozial ganz unterschiedlichen Familien, aber das spielt für die beiden nur am Rande eine Rolle. Anton zeigt keinen Neid gegenüber Pünktchen und sie lässt Anton auch nicht spüren, dass sie weiß, dass er arm ist. Die beiden führen eine wunderbare Freundschaft. Sie stehen sich in Krisensituationen bei und erwarten keinen Dank, wenn sie dem anderen helfen. Ein Paar wie „Blitz und Donner". Man kann sich glücklich schätzen, solch einen Freund oder eine Freundin zu haben.

---

[78] Kästner, Erich: Pünktchen und Anton. 120. Auflage. Hamburg: Cecile Dressler Verlag, 1981 (S.43).
[79] Ebd. S. 53.
[80] Ebd. S.135.
[81] Ebd. S.133.
[82] Ebd. S.82-87.

### 5.3.2 Zwei Welten

Unterschiedlicher kann man eigentlich kaum leben. Da wäre auf der einen Seite Pünktchen, die mit ihren Eltern „in einer großen Wohnung, nicht weit vom Reichtagsufer"[83] lebt:

> „Die Wohnung bestand aus 10 Zimmern und war so groß, dass Pünktchen, wenn sie nach dem Essen ins Kinderzimmer zurückkam, meist schon wieder Hunger hatte. So lang war der Weg!"[84]

Anton dagegen hat nicht einmal ein Kinderzimmer, geschweige denn ein richtiges Bett. Er kriecht zum Schlafen auf ein Sofa.[85] Anton lebt mit seiner Mutter, in einem „sehr alte(n), hässliche(n) Haus."[86]

Als Pünktchen Anton einmal zu Hause besucht, denkt sie Folgendes:

> Kinder, Kinder, war das eine kleine Küche. Dass Anton ein armer Junge war, hatte sie sich zwar gleich gedacht. Aber dass er eine so kleine Küche hatte, setzte sie dann doch in Erstaunen. Vom Fenster aus blickte man in einen grauen Hof. „Unsere Küche dagegen, was?", fragte sie den Dackel.[87]

Auch die Mütter der beiden sind unterschiedlicher als sie kaum sein könnten. Antons Mutter ist alleinstehend und muss als Aufwartefrau hart arbeiten. Frau Pogge dagegen geht keinem Beruf nach. Sie widmet sich voll und ganz dem gesellschaftlichen Leben:

> „Den lieben langen Tag kutschiert sie in der Stadt herum, kauft ein, tauscht um, geht zu Fünf-Uhr-Tees und zu Modevorführungen, […]. Sechstagerennen, Theater, Kino, Bälle, dauernd ist der Teufel los. Nach Hause kommt sie überhaupt nicht mehr."[88]

Pünktchen beschreibt ihre Mutter so: „Meine Mutter macht gar nichts. Augenblicklich hat sie Migräne."[89]

---

[83] Erich Kästner: Pünktchen und Anton. 120. Auflage. Hamburg: Cecile Dressler Verlag, 1981 (S.14).
[84] Ebd. S. 14.
[85] Ebd. S. 78.
[86] Ebd. S. 26.
[87] Ebd. S. 30.
[88] Ebd. S. 19.
[89] Ebd. S. 28.

Auch was ihre Väter angeht, unterscheiden sich Anton und Pünktchen sehr. Antons Vater wird nie erwähnt, er scheint also keinen Vater mehr zu haben, der sich um ihn und seine Mutter kümmert. Pünktchens Vater dagegen, Direktor Pogge, ist „Direktor einer Spazierstockfabrik. Er verdien(t) viel Geld und viel zu tun ha(t) er auch."[90]

Die Pogges haben sogar ein Kinderfräulein und eine Köchin, die dicke Berta. Auch ein Auto können sie sich leisten und zwar mit „Schofför"[91]. Bei Familie Gast ist das ganz anders. Da muss alles ohne Personal gehen, denn das können sie sich nicht leisten.

Pünktchen kann ihre Kindheit unbeschwert Leben, sie muss sich nie Gedanken um Geld machen oder darum, ob sie morgen was zu Essen bekommt. Bei Anton ist das ganz anders. Er muss sich um Dinge Sorgen machen, die für Pünktchen nicht mal einen Gedanken wert sind:

> Demnach blieben sechzig Pfennig fürs Essen. Er blickte in die kleine Speisekammer. Kartoffeln waren noch da. Auf dem Schneidebrett lag eine Speckschwarte. Wenn er morgen den Tiegel mit der Schwarte einrieb, kamen vielleicht Bratkartoffeln zustande. Aber aus dem Viertelpfund Leberwurst wurde wieder nichts. Er hatte so einen riesigen Appetit auf Leberwurst![92]

Pünktchen ist Anton mit ihrem sozialen Lebensstil zwar deutlich im Vorteil, aber was die Fürsorge ihrer Eltern angeht, ist sie eindeutig im Nachteil. Anton und seine Mutter haben ein so tiefes und inniges Verhältnis zueinander und Pünktchens Eltern haben kaum Zeit für sie. Der Vater, weil er so viel arbeiten muss und die Mutter, weil sie andere Sachen im Kopf hat. Pünktchen bringt das auf den Punkt:

> „Ich weiß ja, dass du keine Zeit hast, weil Du Geld verdienen musst", meinte sie (zu ihrem Vater). „Aber Mutter muss kein Geld verdienen, und trotzdem hat sie keine Zeit für mich. Ihr habt beide keine Zeit für mich."[93]

---

[90] Kästner, Erich: Pünktchen und Anton. 120. Auflage. Hamburg: Cecile Dressler Verlag, 1981 (S.12).
[91] Ebd. S. 33.
[92] Ebd. S. 77.
[93] Ebd. S. 144.

Wir finden also in „Pünktchen und Anton" zwei Kinder, deren Leben nicht unterschiedlicher sein könnte und bei denen man denken könnte, dass das Kind, das in wohlsituierten Verhältnissen lebt, das glücklichere sei, aber wir werden eines besseren belehrt. Geld ist eben nicht immer alles und man kann damit nicht Zeit und Liebe ersetzen.

## 6. Gattung

### 6.1 Wieso werden Bücher zu wahren „Klassikern" der KJL?

Das gewisse Bücher zu „Klassikern" werden liegt vor allem an ihrer Textstruktur. Dies wirft zwei grundlegende Fragen auf:

*1) Was für eine Geschichte wird erzählt?*[94]

*2) Wie wird die Geschichte erzählt? (Auf welche Art und Weise wird sie erzählerisch präsentiert?)*[95]

<u>Zu 1)</u>: Was für eine Geschichte erzählt wird, kennzeichnet sich dadurch, wie die in einer Geschichte dargestellte Welt kreiert und beschrieben wird.

Dies betrifft vor allem die verwendete Handlung, die Figuren der Geschichte und die Räume in denen sich die Figuren bewegen. Nun kommt es darauf an, wie und ob es ein Autor schafft diese Elemente in seinem Text einzusetzen.

<u>Zu 2)</u>: Nun stellt sich noch die Frage, wie die Geschichte erzählt wird, also, auf welche Art und Weise sie erzählerisch präsentiert wird.

Hier spielt die verwendete Erzählperspektive eine wichtige Rolle (Vergl. Kap. 4.3).

Um also einen Klassiker der KJL zu erschaffen, muss es dem Autor gelingen, diese Elemente richtig einzusetzen und eine

---

[94] Gansel, Carsten: Moderne Kinder- und Jugendliteratur, Ein Praxishandbuch für den Unterricht. 2. Auflage. Berlin: Cornelsen Scriptor, 2001 (S.202/203).
[95] Gansel, Carsten: Moderne Kinder- und Jugendliteratur, Ein Praxishandbuch für den Unterricht. 2. Auflage. Berlin: Cornelsen Scriptor, 2001 (S.202/203).

gekonnte Balance zwischen Humor und Spannung zu erreichen.

Erich Kästner ist dies auch mit „Pünktchen und Anton"[96] gelungen und wie er genau die oben angesprochenen Elemente verwendet hat, soll die Tabelle im nächsten Kapitel am Werk selbst deutlich machen.

### 6.2 Was macht genau dieses Buch zu einem Klassiker der KJL?

Diese Frage möchte ich anhand der unten stehenden Tabelle verdeutlichen.

Diese Tabelle zeigt auf der einen Seite die Elemente, die einem Buch dazu verhelfen, zu einem Klassiker der KJL zu werden und auf der anderen Seite die Bestimmung dieser Elemente an Beispielen aus „Pünktchen und Anton"[97].

| Elemente | Bestimmung und Beispiel |
|---|---|
| Figur | Bei „Pünktchen und Anton"[98] können die kindlichen Leser in folgender Weise auf die Figuren reagieren: <br>• <u>Hinaufschauen (= Wunscherfüllung 1):</u> <br>In diesem Fall können die Leser sowohl zu Pünktchen als auch zu Anton hinaufschauen. Pünktchen bewundern sie wegen ihrer frechen Art, mit der sie fast alles schafft, was sie will. Anton können sie bewundern, da er sein Leben so prima meistert. <br>• <u>Hinabschauen (= Bestätigung der eigenen Persönlichkeit)</u> <br>Auch dies kann der Leser in Bezug auf die beiden Figuren, indem er Mitleid mit ihnen hat. Mit Anton, weil er arm ist und viel Kummer hat und mit Pünktchen, da sie so wenig Zeit und Aufmerksamkeit von ihren Eltern bekommt. <br>• <u>Mitmachen (= Wunscherfüllung 2):</u> <br>Kästner verwirklicht auch dieses Element. Er |

---

[96] Kästner, Erich: Pünktchen und Anton. 120. Auflage. Hamburg: Cecile Dressler Verlag, 1981.
[97] Kästner, Erich: Pünktchen und Anton. 120. Auflage. Hamburg: Cecile Dressler Verlag, 1981.

|  | |
|---|---|
|  | inszeniert eine spannendes Versteckspiel (Pünktchen vor ihren Eltern) und einen Einbruch den es zu verhindern gilt. Die kindlichen Leser würden am liebsten mitmachen und den Einbruch Roberts in die Pogge´sche Wohnung vereiteln. |
| Räume | Als Raum (Schauplatz) wurde hier die Großstadt Berlin gewählt. Etwas Großes, dass immer ein Abenteuer, aber auch Gefahren birgt und dadurch „im kindlichen Leser Erwartungen"[99] weckt. |
| Handlung | Die Grundspannung in dieser Geschichte ist dadurch gegeben, da es ständig gilt ein Geheimnis zu wahren. Sei es nun Pünktchen gegenüber ihren Eltern, was das Betteln mit Frl. Andacht angeht oder auch Anton, der nicht möchte, dass sein Mutter weiß, wie sehr er sich abmüht, um ihr zu helfen, oder auch Robert, der einen Einbruch in die Wohnung der Pogges plant. |
| Spannung | • Der Erzähler lässt den Leser im Ungewissen, er produziert Geheimnisse, indem er nicht alles preis gibt, was er weiß. Er gibt Hinweise, aber enthält dem Leser auch noch einiges vor. Man kann bis zum tatsächlichen Geschehen, nur ahnen, was Robert vorhat (Einbruch).<br>• Auch die Orientierung am Normbruch ist hier ein Mittel zur Erzeugung von Spannung. Pünktchen bettelt nachts heimlich mit ihrem Kindermädchen (Gegen die Norm = das darf man nicht).<br>• Gleichzeitig verwirklicht Kästner hier das Aufeinanderprallen von Gegensätzen. Pünktchen und Anton stellen zwei Gegensätze in ihren Figuren dar (reich und arm), dazu siehe auch Kapitel 5.3.2 (S. 23). |
| Humor | • Dieser wird in „Pünktchen und Anton" groß geschrieben. Man muss oft schmunzeln und durch einen großen Anteil Ironie wird das Lesen zum reinsten Vergnügen.<br>• Ebenso werden Normen kurzzeitig infrage gestellt |

---

[98] Kästner, Erich: Pünktchen und Anton. 120. Auflage. Hamburg: Cecile Dressler Verlag, 1981.

| | |
|---|---|
| | und manchmal sogar überschritten. So belügt Pünktchen ihre Eltern in Bezug auf das nächtliche Betteln mit Frl. Andacht (Lügen = Normüberschreitung). Das Infragestellen von Normen wird unter anderem durch Pünktchens Verhalten gegenüber Erwachsenen deutlich. Sie scheint manchmal zu vergessen, dass sie sich nicht mit einem Gleichaltrigen, sondern mit einem Erwachsenen unterhält (siehe auch Kap. 5.1 S. 16). |
| Erzähl-perspektive | Wir finden in „Pünktchen und Anton"[100] einen auktorialen Er-Erzähler, der seine Meinung offen Preis gibt und auch Ratschläge und Belehrungen in Form seiner „Nachdenkereien" einfließen lässt. Aber „entscheidend bleibt, dass der kindliche Leser sich im Bunde mit dem Erzähler wie den Figuren der Geschichte weiß und die Erwachsenenperspektive nicht dominiert"[101]. Und genau das ist hier der Fall, denn die „Nachdenkereien" sind nicht besserwisserisch oder von oben herab geschrieben. Sie sind lediglich gut gemeinte Hinweise, die den kindlichen Leser noch genügend Platz für eigene Entscheidungen lassen und lediglich zum Nachdenken anregen sollen, wie der Name schon verrät. |
| Themen, Motive | • Ein ganz klares Thema dieses Buches ist die Freundschaft. Pünktchen und Anton zeigen dem Leser, wie toll es ist einen wahren Freund zu haben.<br>• An das Thema Freundschaft knüpft ein weiteres wichtiges Thema an und zwar die Ausbildung von moralischen Konzepten. Diese wird durch die gegenseitigen Freundschaftsdienste von Pünktchen und Anton ganz deutlich.<br>• Ebenso ist die Behauptung von Kindern gegenüber Erwachsenen ein wichtiges Thema in „Pünktchen |

---

[99] Gansel, Carsten: Moderne Kinder- und Jugendliteratur, Ein Praxishandbuch für den Unterricht. 2. Auflage. Berlin: Cornelsen Scriptor, 2001 (S.203).

| | und Anton"[102]. Pünktchen zeigt deutlich, dass sie weiß, wie man sich mit Erwachsenen auseinandersetzen kann und das man vor ihnen zwar Respekt aber keine Angst haben muss (siehe Kap. 5.1). |
|---|---|
| | • Der <u>Gewinn von Selbstständigkeit</u> ist ebenso ein prägnantes Thema. Anton zeigt, wie auch Kinder an schwierigen Aufgaben wachsen können und Probleme meistern. Er macht dies deutlich, indem er zeigt, wie er sich um seine kranke Mutter kümmert und sogar Geld zum Leben verdient. |

Noch kurz möchte ich darauf eingehen, warum Pünktchen und Anton zwei Helden der KJL sind. Sie verdanken es ihrem geistigen Vater, denn Kästner versteht es, seine Protagonisten zu wahren Helden der KJL zu machen. Denn die Helden seiner Kinderbücher sind selbstbewusste Kinder, „die sich in einer modernen Welt auskennen und im positiven Sinne geschäftstüchtig sind."[103]

Pünktchen und Anton stehen Mitten im Leben, ihnen kann man nichts vormachen. Pünktchen kämpft sich mit ihrer frechen und offenen Art durchs Leben und Anton überzeugt durch sein Geschick das Leben zu meistern und sich um alles zu kümmern, damit er sich und seine Mutter über Wasser halten kann.

---

[100] Kästner, Erich: Pünktchen und Anton. 120. Auflage. Hamburg: Cecile Dressler Verlag, 1981.
[101] Gansel, Carsten: Moderne Kinder- und Jugendliteratur, Ein Praxishandbuch für den Unterricht. 2. Auflage. Berlin: Cornelsen Scriptor, 2001 (S.203).
[102] Kästner, Erich: Pünktchen und Anton. 120. Auflage. Hamburg: Cecile Dressler Verlag, 1981.
[103] Gansel, Carsten: Moderne Kinder- und Jugendliteratur, Ein Praxishandbuch für den Unterricht. 2. Auflage. Berlin: Cornelsen Scriptor, 2001 (S.196/197)

## 7. Kritische Refelexion

Zum Schluss meiner Hausarbeit möchte ich kurz meine ganz persönlichen Erlebnisse und Erfahrungen beim Lesen von „Pünktchen und Anton" schildern.

Gelesen habe ich das Buch zum ersten Mal für dieses Seminar. Als Kind hatte ich es aber schon oft as Hörspiel gehört. Das Buch hat seitdem nichts an Zauber für mich verloren. Viele Jahre liegen dazwischen, seitdem ich es zum letzen Mal als Hörspiel-Version gehört habe. Es hat mir einen riesigen Spaß gemacht, dem Text wieder zu begegnen. Als ich das Buch gelesen habe, habe ich mich oft zwischen Lachen und Weinen bewegt. Die Situation Antons ist mir oft sehr nahe gegangen, aber auch der Umgang Pünktchens mit ihrem Vater. Väter haben oft ein Problem damit, Gefühle zu zeigen und daher habe ich Herrn Pogge mehr und mehr ins Herz geschlossen. Er wurde mir immer sympathischer und ich hätte ihn am Schluss des Buches gerne mal persönlich kennen gelernt.

Es war wirklich schön, das Buch wieder zu treffen und es hat bei mir einen so tiefen Eindruck hinterlassen, dass ich es gleich ein zweites Mal gekauft habe. Ich werde es im nächsten Monat meinem Patenkind Franziska schenken, denn sie ist ihrem Charakter nach auch ein regelrechtes „Pünktchen".

# Literaturverzeichnis

## Primärliteratur

- Kästner, Erich: Pünktchen und Anton. 120. Auflage. Hamburg: Cecile Dressler Verlag, 1981.

## Sekundärliteratur

- Gansel, Carsten: Moderne Kinder- und Jugendliteratur, Ein Praxishandbuch für den Unterricht. 2. Auflage. Berlin: Cornelsen Scriptor, 2001.

- Kästner, Erich: Mein liebes, gutes Muttchen, Du!. Hamburg: Albrecht Knaus Verlag,1981.

- Krompos, Ulrike: Erich, Emil und all die anderen… ‚Kästner und seine Kinderbuchfiguren - eine vergleichende Untersuchung von Biographie und Literatur, Giessen 1987.

- Steck-Meier, Esther: Erich Kästner als Kinderbuchautor, eine erzähltheoretische Analyse, Bern: Lang, 1999 (Narratio: Bd. 14).